CONSAGRAÇÃO
E SECULARIDADE

A REVOLUÇÃO DA *PROVIDA MATER ECCLESIA*

**CARTA AOS BISPOS DA IGREJA CATÓLICA
SOBRE OS INSTITUTOS SECULARES**

CONGREGAÇÃO PARA OS INSTITUTOS
DE VIDA CONSAGRADA E AS SOCIEDADES
DE VIDA APOSTÓLICA

CONSAGRAÇÃO E SECULARIDADE

A REVOLUÇÃO DA *PROVIDA MATER ECCLESIA*

CARTA AOS BISPOS DA IGREJA CATÓLICA SOBRE OS INSTITUTOS SECULARES

© 2017 – Libreria Editrice Vaticana

Título original: *Consacrazione e Secolarità: la rivoluzione della Provida Mater Ecclesia*

Direção-geral: *Flávia Reginatto*
Editora responsável: *Maria Goretti de Oliveira*
Tradução: *Jaime A. Clasen*

1ª edição – 2017

Nenhuma parte desta obra poderá ser reproduzida ou transmitida por qualquer forma e/ou quaisquer meios (eletrônico ou mecânico, incluindo fotocópia e gravação) ou arquivada em qualquer sistema ou banco de dados sem permissão escrita da Editora. Direitos reservados.

Paulinas
Rua Dona Inácia Uchoa, 62
04110-020 – São Paulo – SP (Brasil)
Tel.: (11) 2125-3500
http://www.paulinas.org.br – editora@paulinas.com.br
Telemarketing e SAC: 0800-7010081

© Pia Sociedade Filhas de São Paulo – São Paulo, 2017

SUMÁRIO

Os Institutos Seculares: a sua identidade e sua missão.... 23
Parte I. Apresentação histórica...................................... 25
Parte II. Fundamentos teológicos................................. 37
Parte III. Normas jurídicas.. 47
Conclusão...61

A Provida Mater Ecclesia foi um gesto revolucionário na Igreja. Os Institutos Seculares são realmente um gesto de coragem que a Igreja fez naquele momento: dar estrutura, dar institucionalidade aos Institutos Seculares.

E daquele tempo até agora é tão grande o bem que vós fizestes na Igreja, com coragem, porque é preciso coragem para viver no mundo.

Tantos de vós sozinhos, alguns em pequenas comunidades. Todos os dias, levar a vida de uma pessoa que vive no mundo e, ao mesmo tempo, guardar a contemplação, esta dimensão contemplativa para com o Senhor e também em relação ao mundo, contemplar a realidade, como contemplar as belezas do mundo. E ainda os grandes pecados da sociedade, os desvios, todas essas coisas, e sempre em tensão espiritual...

Por isso a vossa vocação é fascinante, porque é uma vocação que está exatamente aí onde se decide a salvação não só das pessoas, mas também das instituições. E de tantas instituições leigas necessárias no mundo. Por isso, penso assim: que com a Provida Mater Ecclesia *a Igreja fez um gesto verdadeiramente revolucionário!*

PAPA FRANCISCO
Audiência aos participantes do encontro promovido
pela Conferência Italiana dos Institutos Seculares
10 de maio de 2014

Caríssimos irmãos no episcopado,

Estamos celebrando os setenta anos da promulgação da Constituição apostólica *Provida Mater Ecclesia* (2 de fevereiro de 1947) e do *Motu proprio Primo Feliciter* (12 de março de 1948), ocasião oportuna para agradecer o Senhor pelo dom dessa vocação na Igreja. Segundo essa especial vocação, mulheres e homens são chamados a viver com paixão os desafios do presente e a abraçar o futuro com esperança.

A identidade dos Institutos Seculares foi esclarecida gradualmente no tempo através do Magistério da Igreja com a *Provida Mater Ecclesia*, o *Primo Feliciter*, o Código de Direito Canônico, o Magistério pontifício desde Paulo VI ao Papa Francisco. Permanece com grande clareza e atualidade o Documento *Gli Istituti Secolari: la loro identità e la loro missione*, apresentado por este Dicastério à Congregação Plenária (3 a 6 de maio de 1983).

Igualmente importante é quanto os Institutos Seculares compreenderam de si mesmos através da vida das pessoas que encarnaram o seu carisma. Trata-se de um percurso complexo porque passa através dos modos concretos em que a secularidade consagrada soube interpretar o seu estar presente e, portanto, a sua missão no mundo e na Igreja. Uma caminhada que continua, porque está estreitamente ligada ao devir da Igreja e do mundo.

Apresentamos essa riqueza, objeto da nossa reflexão, para que seja compartilhada e se torne, com o vosso ministério de pastores, patrimônio de toda a comunidade crente.

1. Os Institutos Seculares

O mundo dos Institutos Seculares compreende Institutos leigos masculinos e femininos e Institutos clericais. A eles pertencem, desde as origens, leigos e presbíteros que escolheram consagrar-se na secularidade, intuindo a fecundidade de seguir Cristo através da profissão dos conselhos evangélicos no contexto histórico e social em que a condição de leigos e presbíteros os coloca.

No mistério da encarnação

Esta vocação encontra o seu fundamento no mistério da encarnação, que chama a permanecer naquela realidade social, profissional e eclesial na qual as pessoas vivem.

Para isso os membros dos Institutos Seculares leigos habitam lugares informais, espalhados pelo mundo, de modo que a boa notícia possa chegar aos recantos mais remotos, a cada estrutura, a toda realidade. Para isso, os membros dos Institutos Seculares clericais estão normalmente incardinados na própria Igreja particular, e vivem naquela porção do povo, com aquelas pessoas e nas situações reais daquela gente, para compartilhar tudo, sem distinções e sem distâncias.

Os Institutos Seculares são pouco conhecidos, muitas vezes ignorados e/ou confundidos com os Movimentos e as Associações nos quais, às vezes, existe a presença de grupos que apresentam o mesmo dinamismo, a saber: consagração a Deus para estar plenamente disponíveis à realização do ideal que querem propor e viver. Esses grupos eclesiais, no entanto, se diferenciam dos Institutos Seculares porque dão vida a uma ação apostólica, pública e organizada, e têm sempre como perspectiva uma ação de conjunto que une padres e leigos, e leigos de todas as condições.

Síntese entre secularidade e consagração

A origem dos Institutos Seculares, que se torna ao mesmo tempo busca constante e finalidade de vida dos seus membros, é a síntese entre secularidade e consagração, duas faces da mesma realidade.

Certamente, como toda síntese, corre-se o risco de suprimir ou depreciar um termo em prejuízo do outro. Quando isso acontece, há uma perda de identidade e um empobrecimento da secularidade da própria Igreja, com o perigo de esta perder a perspectiva de uma relação positiva com o mundo.

É preciso, portanto, vigiar a fim de que, na formação e realização do carisma, os Institutos Seculares não descuidem nem da dimensão da consagração nem da dimensão da secularidade; do mesmo modo é preciso vigiar a fim de que não se exija dos membros dos Institutos Seculares uma presença, uma missão e uma modalidade de vida que não exprima a sua secularidade.

Multiplicidade de formas

Diversas são as situações concretas nas quais os membros dos Institutos Seculares vivem, assim como são múltiplas aquelas que a obediência à vida requer.

A fidelidade ao mundo implica discernir a vontade de Deus nas exigências que nascem do contexto cultural, familiar, profissional e eclesial, e encontrar as modalidades para lhes dar uma resposta pessoal.

Para isso, há consagrados seculares que vivem sós ou em família; alguns Institutos, por carisma recebido do fundador e reconhecido pela Igreja, contemplam também grupos de vida fraterna, que variam em conformidade com o direito próprio, e/ou obras, a que os membros se dedicam em tempo mais ou menos integral. Em todos esses casos, para não trair a sua vocação, é necessário manter o estilo específico da secularidade, salvaguardando os compromissos consequentes na estrutura profissional, social, política, educativa e eclesial, mas também favorecendo a alternância na gestão das eventuais obras.

2. Consagração secular

A vida consagrada se exprime com a profissão dos conselhos evangélicos. O caminho dos conselhos evangélicos, de fato, destina-se a realizar essa forma de vida que leva a fazer do próprio ser e da própria identidade batismal uma oferta para o serviço e a honra de Deus. A Exortação apostólica *Vita consecrata* põe em evidência que ela é um dom de Deus[1] e encontra o seu fundamento evangélico na relação especial que Jesus estabeleceu na sua existência terrena com alguns dos seus discípulos, convidando-os não só a acolher o Reino de Deus na própria vida, mas também

---

[1] João Paulo II, Ex. ap. *Vita consecrata* (25 de março de 1996), 1.

a pôr a própria existência a serviço dessa causa, deixando tudo e imitando a sua forma de vida. Assumir tal forma de vida é possível apenas com base numa vocação específica e por força de um dom peculiar do Espírito. Esse *seguimento* especial de Cristo, em cuja origem está sempre a iniciativa do Pai, tem, portanto, uma conotação essencialmente cristológica e pneumatológica, exprimindo assim, de modo particularmente vivo, o *caráter trinitário* da vida cristã, pela qual antecipa, de algum modo, a realização escatológica para a qual toda a Igreja tende.[2]

A consagração secular é, portanto, uma forma de vida consagrada em sentido pleno e total. De modo algum é uma via média entre a consagração religiosa e a consagração batismal.

"Coram ecclesia"

A vida consagrada num Instituto Secular é essencialmente uma consagração a Deus não somente interna, mas também externa, *coram ecclesia*, numa instituição aprovada pela Igreja. Com a profissão dos conselhos evangélicos, vividos no dia a dia, os membros individuais colocam-se dentro da história como semente de novos horizontes e antecipação da comunhão entre Deus e o homem.

O pertencimento a um Instituto Secular, aprovado por um bispo ou pela Santa Sé, comporta uma escolha que envolve todas as dimensões da existência humana e que

---

[2] Ibid. 14.

dura por toda a vida, independentemente do tipo de incorporação definido nas constituições. É um compromisso a seguir Cristo, assumindo aquela proposta de vida que o Instituto prevê.

Exatamente porque não se trata de uma consagração individual, mas de uma vocação a compartilhar e encarnar um carisma reconhecido como bem eclesial, entre Instituto e membro individual se instaura uma relação fundamental. O Instituto é uma fraternidade que ajuda a sustentar a vocação dos membros, é um lugar de formação e de comunhão, é uma ajuda concreta para perseverar na sua vocação. Cada consagrado e consagrada, por sua vez, ao encarnar a *regra de vida*, exprime aquele dom vivo e vital que o Espírito fez à Igreja.

3. Secularidade consagrada

É à luz da revelação que o mundo aparece como *saeculum*. Na vida não existe um espaço do sagrado e um espaço do profano, um tempo para Deus e um tempo para as vicissitudes grandes e pequenas da história. O mundo e a história são história de salvação, para a qual os membros dos Institutos vivem como contemplativos no mundo, ao lado de cada homem, com simpatia e dentro de todo acontecimento, com a confiança e a esperança que derivam de uma relação básica com o Deus da história.

Por isso, permanecer no mundo é fruto de uma escolha, uma resposta a um chamado específico: é assumir essa dimensão do estar dentro, do estar ao lado, do olhar o mundo como realidade teológica, na qual se entretecem dimensão histórica e dimensão escatológica.

Isso exige um notável desenvolvimento daquela qualidade humana, tão proclamada hoje, que é a capacidade de *com*-participação.

Viver dentro

Uma *com*-participação responsável e generosa, que poderemos definir, com uma expressão mais simples, como capacidade de viver dentro:

– dentro do coração: naquele mundo de afetos, de sentimentos, de emoções e de reações que se estabelecem nas redes das relações interpessoais e naquela convivência que forma o tecido da vida cotidiana;

– dentro da casa: conhecendo e sofrendo os problemas familiares, como os do nascimento e da morte, os da doença e do alojamento, os dos gastos, do condomínio;

– dentro das estruturas: na dificuldade das contradições, na tentação de ir contra a consciência, nas brigas das rivalidades;

– dentro das situações: no compromisso contínuo do discernimento, na perplexidade das escolhas às vezes marcadas pelo sofrimento;

– dentro da história: na aceitação de responsabilidade no âmbito social, econômico, político, na atenção aos sinais dos tempos, na partilha do risco comum, no árduo compromisso da esperança.

4. Consagração secular do sacerdote

A consagração secular do sacerdote é parte integrante do carisma dos Institutos Seculares. "Os membros clérigos, pelo testemunho de vida consagrada sobretudo no presbitério, auxiliam os seus irmãos com a peculiar caridade apostólica, e com o seu sagrado ministério realizam a santificação do mundo entre o povo de Deus."[3]

A secularidade dos clérigos membros dos Institutos Seculares é garantida pela sua diocesanidade, a qual os liga ao território da Igreja particular, com a sua população, a sua história e as suas dinâmicas de vida, das quais são intimamente participantes. Os membros dos Institutos Seculares clericais estão, portanto, sob a autoridade do bispo diocesano que, no entanto, deve favorecê-los e não pôr obstáculos no que diz respeito à vida consagrada no seu Instituto, também e sobretudo onde lhes for requerido servir ao Instituto com o serviço da autoridade.[4] A espiritualidade deles é essencial e, principalmente, a do clero diocesano, reforçada e enriquecida, como aparece frequentemente pelos documentos do Magistério, pelo pertencimento ao Instituto, que lhes permite promover, dentro do clero diocesano, condições de comunhão e viver com humildade e disponibilidade o próprio serviço.

---

[3] CIC 713 § 3. (As citações do Código de Direito Canônico foram tiradas da tradução portuguesa: <http://www.vatican.va/archive/cod-iuris-canonici/portuguese/codex-iuris-canonici_po.pdf> – N.T.)

[4] Congregação para o clero, *Diretório para o ministério e a vida dos presbíteros*, 35 (http://www.vatican.va/ roman_curia/congregations/cclergy/documents/rc_con_ cclergy_doc_20130211_direttorio-presbiteri_it.html). (Há tradução portuguesa no mercado e disponível na internet.)

São duas as tarefas particulares que podem ser identificadas: servir a fraternidade, possibilitar a santificação do mundo.

Servir a fraternidade

Um modo precioso de tornar concreta a secularidade, a relação com o mundo, é testemunhar a fraternidade de Jesus Cristo. Essa fraternidade está muitas vezes arranhada nas famílias e até nas comunidades cristãs. Para servir a fraternidade, o sacerdote secular deve conhecer verdadeiramente as pessoas confiadas a ele, entrando na perspectiva de Jesus: "Conheço as minhas ovelhas e as minhas ovelhas me conhecem. Assim como o Pai me conhece e eu conheço o Pai. Eu dou a minha vida pelas ovelhas" (Jo 10,14-15).

Para a santificação do mundo

Particularmente relevante é o segundo ponto: "com o seu sagrado ministério realizam a santificação do mundo".[5] Ele implica a instauração de uma relação justa da Igreja com o mundo em servir o Reino de Deus e tomar cuidado da criação. Esse objetivo compromete os sacerdotes seculares a manterem uma viva sensibilidade para com as pessoas aflitas pelas várias pobrezas que aparecem, acompanhando todos aqueles que vivem a sua fé no coração dos compromissos humanos. É, sobretudo, através da Eucaristia que o sacerdote secular entra de modo peculiar na oferta que Cristo faz ao Pai e que está em condições de administrar a graça que vem regenerar a humanidade.

---

[5] CIC 713 § 3.

5. Desafios

Tensão constante à profecia

Profecia é, sobretudo, um estilo, um estilo de vida que deveria ser, em si mesmo, contestação à vida mundana, porque é um modo alternativo de viver e de relacionar-se: o do Evangelho. A profecia está no chamado a não temer nenhum lugar nem nenhuma situação, e sim a ler e colaborar no cumprimento da história da salvação exatamente a partir de lá onde a pessoa está, no limite da exclusão, sofre a indiferença, é esvaziada da sua dignidade.

A profecia está no chamado a evidenciar o positivo no interior de qualquer situação, a reavaliar todas aquelas virtudes humanas que tornam verdadeiro todo tipo de relação e compromisso solidário por um mundo novo.

A profecia implica discernimento e criatividade suscitados pelo Espírito: discernimento como esforço para compreender, interpretar os sinais dos tempos, aceitando a complexidade determinada desde já e ainda não, a fragmentariedade e a precariedade do nosso tempo; criatividade como capacidade de imaginar novas soluções, de inventar respostas inéditas e mais adequadas às novas situações que surgem diante de nós, ou também apenas de "iniciar processos".[6]

Fazerem-se companheiros da humanidade a caminho é uma realidade teológica.

---

[6] Cf. Francisco, Ex. ap. *Evangelii gaudium*, 223.

Espiritualidade de síntese

Tensão constante para fazer uma síntese entre o amor de Deus e o amor do mundo. Radicados na Palavra, cidadãos do mundo e contemporâneos do seu tempo, os membros dos Institutos Seculares são chamados a realizar, em contínuo discernimento, uma síntese, sempre provisória e sempre a renovar, entre a Palavra de Deus e a história, entre as exigências do Reino que já é e ainda não é.

É uma espiritualidade de síntese entre os critérios que vêm do alto, da Palavra de Deus, e os critérios que vêm de baixo, da história humana. Nessa dimensão de fronteira, o desejo é o de olhar o homem com os olhos de Deus. Um entrelaçamento inextricável que pede a mesma totalidade de dom e de paixão por Deus e pelo humano. O crescimento no amor de Deus conduz inevitavelmente os membros dos Institutos Seculares a um crescimento no amor do mundo e vice-versa.

Tensão de comunhão

Tensão constante ao diálogo e à comunhão: é a espiritualidade da encarnação conjugada com o mistério da Trindade que pressiona-urge os membros dos Institutos Seculares a serem peritos em diálogo e por isso artífices de comunhão com toda a realidade humana e eclesial.

É vocação a ser, em Cristo, sacramento do amor de Deus no mundo, sinal visível de um amor invisível que tudo pervade e tudo quer redimir, para reconduzir tudo à comunhão trinitária, origem e consumação última do mundo.

Homens e mulheres de comunhão, que aprimoraram a capacidade de escuta do outro e do diferente, que não fogem diante das tensões ou das divergências, sempre dispostos a encetar processos de paz, capazes de "procurar juntos o caminho, o método, deixando-vos iluminar pelo relacionamento de amor que se verifica entre as três Pessoas divinas e tomando-o como modelo de toda a relação interpessoal".[7]

Tensão na pluralidade

Tensão constante à unidade nas diferenças. Imersos na história deste tempo, cuja mistura de povos e culturas constitui um dos desafios e das oportunidades mais evidentes, os Institutos Seculares ajustam as contas com o esforço e a beleza de harmonizar unidade e diferenças. E isso acontece também no interior dos Institutos individuais, quando a intergeneracionalidade e a internacionalidade pedem para confiar-se àquele grande Artista, àquele grande Mestre da unidade nas diferenças que é o Espírito Santo,[8] para propor uma formação e um estilo de missão capazes de sustentar de modo personalizado a caminhada de cada membro.

Maria, Mãe do Verbo encarnado, ajuda os membros dos Institutos Seculares a não renunciar ao realismo da dimensão social do Evangelho e a construir a comunhão no

---

[7] Francisco, Carta apostólica *A todos os consagrados por ocasião do Ano da Vida Consagrada* (21 de novembro de 2014): <https://w2.vatican.va/content/francesco/pt/apost_letters/documents/papa-francesco_lettera-ap_20141121_lettera-consacrati.html>.

[8] Francisco, Dialogo nel Duomo di Milano (25 marzo 2017): <http://w2.vatican.va/content/francesco/it/ speeches/2017/march/documents/papa-francesco_20170325_milano-sacerdoti.html>.

mundo contemporâneo através da mística do viver juntos.⁹ Senhora da intercessão, acompanha as pessoas consagradas a penetrar "no Pai e descobrir novas dimensões que iluminam as situações concretas e as mudam".¹⁰ Discípula que guarda no coração "a passagem de Deus na vida do seu povo",¹¹ encoraja a obra dos que, escutando o Espírito, geram vida na história dos povos, edificam a Igreja com a verdade na caridade.¹²

Com fraterna vizinhança.
Cidade do Vaticano, 4 de junho de 2017
Solenidade de Pentecostes

JOÃO BRAZ, CARD. DE AVIZ
Prefeito

† JOSÉ RODRÍGUEZ CARBALLO, O.F.M.
Arcebispo secretário

---

[9] Cf. Francisco Ex. ap. *Evangelii gaudium*, 87-88.
[10] Cf. ibid. 283.
[11] Francisco, *Homilia* de 1º de janeiro de 2017.
[12] Cf. Francisco, Professione di fede con i Vescovi della CEI, 23 maggio 2013: <https://w2.vatican.va/content/francesco/it/homilies/2013/documents/papa-francesco_20130523_omelia-professio-fidei-cei.html>.

Congregação para os Religiosos
e os Institutos Seculares

OS INSTITUTOS SECULARES: A SUA IDENTIDADE E SUA MISSÃO

**Documento para a Congregação Plenária
3-6 de maio de 1983**

Parte I

APRESENTAÇÃO HISTÓRICA

Os Institutos Seculares respondem a uma visão eclesial posta em evidência pelo Concílio Vaticano II. O Papa Paulo VI diz com autoridade: "Os Institutos Seculares são colocados na perspectiva na qual o Concílio Vaticano II apresentou a Igreja como uma realidade ao mesmo tempo visível e espiritual (cf. LG 8), que vive e se desenvolve na história. [...] Não se pode não ver a profunda e providencial coincidência entre o carisma dos Institutos Seculares e aquela que foi uma das linhas mais importantes e mais claras do Concílio: a presença da Igreja no mundo. Com efeito, a Igreja acentuou fortemente os diversos aspectos da sua relação com o mundo: reafirmou claramente que faz parte do mundo, que está destinada a servi-lo, que dele deve ser alma e fermento, porque é chamada a santificá-lo e a consagrá-lo e refletir sobre ele os valores supremos da justiça, do amor e da paz" (2 de fevereiro de 1972).* Estas palavras não só constituem um autorizado reconhecimento programático dos Institutos Seculares como oferecem também uma chave de leitura da sua história, apresentada a seguir de forma sintética.

---

* <https://w2.vatican.va/content/paul-vi/it/speeches/1972/february/documents/hf_p-vi_spe_19720202_istituti-secolari.html>.

1. Antes da *Provida Mater* (1947)

Existe uma pré-história dos Institutos Seculares, enquanto existiram já no passado tentativas de constituir associações semelhantes aos atuais Institutos Seculares; uma certa aprovação a essas associações foi dada pelo decreto *Ecclesia Catholica* (11 de agosto de 1889), o qual, no entanto, admitia para elas apenas uma consagração privada. Foi sobretudo no período de 1920 a 1940 que, nas várias partes do mundo, a ação do Espírito suscitou diversos grupos de pessoas, que percebiam o ideal de dar-se incondicionalmente a Deus permanecendo no mundo para atuar dentro dele para a vinda do Reino de Cristo. O Magistério da Igreja tornou-se sensível à difusão desse ideal, que, por volta de 1940, encontrou uma maneira de se definir também em encontros de alguns daqueles grupos. O Papa Pio XII fez aprofundar o problema todo e, após um amplo estudo, promulgou a Constituição apostólica *Provida Mater*.

2. Da *Provida Mater* ao Concílio Vaticano II

Os documentos que deram reconhecimento às associações que em 1947 foram denominadas "Institutos Seculares" são:

- *Provida Mater*: Constituição apostólica que contém uma "*lex peculiaris*", fevereiro de 1947;

- *Primo feliciter*: Carta "Motu proprio", 12 de março de 1948;

- *Cum sanctissimus*: instrução da Sagrada Congregação dos religiosos, 19 de março de 1948.

Complementares entre eles, esses documentos contêm tanto reflexões doutrinais como normas jurídicas, com elementos já claros e suficientes para uma definição dos novos Institutos. Estes, aliás, apresentavam não poucas diferenças entre eles, em particular devido à diversa finalidade apostólica:

- para alguns, essa finalidade era de uma presença no ambiente social para um testemunho pessoal, para um compromisso pessoal de orientar a Deus as realidades terrenas (Institutos de "penetração");
- para outros, a finalidade era de um apostolado mais explícito e sem excluir o aspecto comunitário, também com compromisso diretamente operativo eclesial ou assistencial (Institutos de "colaboração").

No entanto, a distinção nem sempre era tão clara, pois um mesmo Instituto podia ter as duas finalidades.

3. O ensinamento do Concílio Vaticano II

a) Nos documentos conciliares, os Institutos Seculares são explicitamente mencionados poucas vezes, e o único texto a eles dedicado *ex professo* é o n. 11 de *Perfectae caritatis*.

Nesse texto são, em síntese, lembradas as características essenciais, de modo a confirmar com a autoridade do Concílio. De fato, aí se diz que:

- os Institutos Seculares não são Institutos religiosos: essa definição em forma negativa impõe que se evite a confusão entre as duas formas: os Institutos Seculares não são uma forma moderna de vida religiosa, mas são uma vocação e uma forma de vida originais;

- eles requerem "*veram et completam consiliorum evangelicorum professionem* – verdadeira e completa profissão dos conselhos evangélicos": não são, portanto, redutíveis a associações ou movimentos que, por uma resposta à graça batismal, mesmo vivendo o espírito dos conselhos evangélicos, não os professam de modo eclesialmente reconhecido;

- nessa profissão, a Igreja assinala os membros dos Institutos Seculares com a consagração que vem de Deus, ao qual pretendem dedicar-se totalmente na caridade perfeita;

- a mesma profissão ocorre *in saeculo*, no mundo, na vida secular: esse elemento qualifica intimamente o conteúdo dos conselhos evangélicos e determina as suas modalidades de realização;

- por isso a "índole própria e peculiar" desses Institutos é a secular;

- enfim e por conseguinte, apenas a fidelidade a essa fisionomia poderá permitir que eles exerçam aquele apostolado "*ad quem exercendum orta sunt*", isto é, o apostolado que os qualifica para a sua finalidade e que deve ser "*in saeculo ac veluti ex saeculo*": no mundo e na vida secular, e a partir daí dentro do mundo (cf. *Primo feliciter*, II: valendo-se das profissões, atividades, formas, lugares, circunstâncias correspondentes à condição de seculares).

Merece particular atenção, no n. 11 de *Perfectae caritatis*, a recomendação de uma acurada formação "*in rebus divinis et humanis* – nas coisas divinas e humanas", porque essa vocação é, na realidade, muito absorvente.

b) *Na doutrina do Concílio Vaticano II* os Institutos Seculares encontraram muitas confirmações da sua intuição fundamental e muitas diretivas programáticas específicas. Entre as confirmações: a afirmação da vocação universal à santidade, da dignidade e responsabilidade dos leigos na Igreja e, sobretudo, que "*laicis indoles saecularis propria et peculiaris est* – a característica secular é própria e peculiar dos leigos" (LG 31: o segundo parágrafo desse número parece retomar não só a doutrina, mas também algumas expressões do *Motu proprio Primo feliciter*). Entre as *diretivas programáticas* específicas estão o ensinamento da *Gaudium et spes* acerca da relação da Igreja com o mundo contemporâneo e a tarefa de estar presente nas realidades terrenas com respeito e sinceridade, atuando para a sua orientação para Deus.

c) Em síntese: os Institutos Seculares tiveram do Concílio Vaticano II elementos tanto para aprofundar a sua realidade teológica (consagração na e da secularidade) como para esclarecer a sua linha de ação (a santificação dos seus membros e a presença transformadora no mundo). Com a Constituição apostólica *Regimini Ecclesiae Universae* (15 de agosto de 1967), em aplicação do Concílio, a Sagrada Congregação muda de denominação: "*Pro Religiosis et Institutis saecularibus*". É um ulterior reconhecimento da dignidade dos Institutos Seculares e da sua distinção nítida dos Institutos religiosos. Na Sagrada Congregação, isso implicou na constituição de duas seções (enquanto anteriormente para os Institutos Seculares atuava um "ofício") com duas subsecretarias, com competências distintas e autônomas sob a direção de um único prefeito e um único secretário.

4. Depois do Concílio Vaticano II

A reflexão sobre os Institutos Seculares foi enriquecida pelas contribuições vindas de dois grupos de ocasiões, em certo sentido integrando-se entre elas: a primeira ocasião, de tipo existencial, é dada pelos encontros periódicos entre os próprios Institutos. A segunda, de tipo doutrinal, é constituída sobretudo pelos discursos que os papas dirigiram a eles. A Sagrada Congregação, por sua parte, interveio com esclarecimentos e reflexões.

Encontros entre Institutos

Congressos de estudo já tinham sido promovidos antes, mas em 1970 foi convocado o primeiro congresso internacional, com a participação de quase todos os Institutos Seculares legitimamente erigidos. Esse congresso criou também uma comissão que devia estudar e propor o estatuto de uma Conferência Mundial dos Institutos Seculares (CMIS), estatuto que foi aprovado pela Sagrada Congregação, a qual reconheceu oficialmente a conferência com o conveniente decreto (23 de maio de 1974). Depois de 1970, os responsáveis pelos Institutos Seculares encontraram-se em assembleia em 1972 e sucessivamente, em período quadrienal, em 1976 e em 1980.

Já está programada a assembleia de 1984. Esses encontros tiveram o mérito de tratar de argumentos de interesse direto para os Institutos, como: os conselhos evangélicos, a oração secular, a evangelização como contribuição para "mudar o mundo a partir de dentro". Mas tiveram também, e sobretudo, o mérito de juntar os Institutos seja para pôr em comum uma experiência, seja para um confronto aberto e sincero.

O confronto era muito oportuno porque:

– ao lado de Institutos de finalidade apostólica totalmente secular (atuando "*in saeculo et ex saeculo*"), havia outros com atividades institucionais também intraeclesiais (por exemplo, catequese);

– ao lado de Institutos que previam o compromisso apostólico através de um testemunho pessoal, outros assumiam obras ou tarefas a levar adiante como compromisso comunitário;

– ao lado da maioria dos Institutos leigos, os quais definiam a secularidade como característica própria dos leigos, havia Institutos clericais ou mistos, que davam destaque à secularidade da Igreja no seu conjunto;

– com Institutos clericais que consideravam necessária para a sua secularidade a presença no presbitério local e, portanto, a incardinação na diocese, outros tinham obtido a incardinação pessoalmente.

Mediante os sucessivos encontros, que se repetiram em nível nacional e, na América Latina e na Ásia, em nível continental, o conhecimento mútuo levou os Institutos a *aceitar a diversidade* (o assim dito "pluralismo"), mas com *a exigência de esclarecer os limites* dessa diversidade. Os encontros, portanto, ajudaram os Institutos a entender melhor a si mesmos (como categoria e também como Institutos individuais), corrigir algumas incertezas e favorecer a busca comum.

Discursos dos papas

Já Pio XII tinha falado a Institutos Seculares individuais e tinha tratado deles em discursos sobre a vida de perfeição. Mas, quando os Institutos começaram os seus congressos ou assembleias mundiais, em cada encontro ouviram a palavra do papa: Paulo VI em 1970, 1972, 1976; João Paulo II em 1980. A essas alocuções são acrescentadas aquelas pronunciadas por Paulo VI no vigésimo quinto e no trigésimo aniversários de *Provida Mater* (2 de fevereiro de 1972 e 1977). Discursos densos de doutrina, que ajudam a definir melhor a identidade dos Institutos Seculares. Entre os muitos ensinamentos é suficiente lembrar aqui algumas afirmações:

a) Há *coincidência* entre o *carisma dos Institutos Seculares* e a linha conciliar da *presença da Igreja no mundo*: "Eles devem ser testemunhas especializadas, exemplares, da disposição e da missão da Igreja no mundo" (Paulo VI, 2 de fevereiro de 1972). Isso exige uma forte tensão para a santidade e uma presença no mundo que leve a sério a ordem natural para poder trabalhar pelo seu aperfeiçoamento e pela sua santificação.

b) A vida de consagração a Deus, e concretamente a vida segundo os *conselhos evangélicos*, deve ser sim um testemunho do além, mas tornando-se proposta e *exemplaridade para todos*: "Os conselhos evangélicos adquirem um significado novo, de especial atualidade no tempo presente" (Paulo VI, 2 de fevereiro de 1972), e a sua força vem imersa "em meio aos valores humanos e temporais" (id., 20 de setembro de 1972).

c) Daí se segue que a *secularidade*, a qual indica a inserção desses Institutos no mundo, "não representa apenas uma condição sociológica, um fato externo, e sim uma atitude" (Paulo VI, 2 de fevereiro de 1972), uma tomada de consciência: "A vossa condição existencial e sociológica se torna a vossa realidade teológica, é o vosso caminho para realizar e testemunhar a salvação" (id., 20 de setembro de 1972).

d) Ao mesmo tempo, a *consagração* nos Institutos Seculares deve ser tão autêntica que torne verdadeiro que "é no íntimo dos vossos corações que o mundo é consagrado a Deus" (Paulo VI, 2 de fevereiro de 1972); que torne possível "orientar explicitamente as coisas humanas segundo as beatitudes evangélicas" (id., 20 de setembro de 1972). Ela "deve impregnar toda a vida e todas as atividades cotidianas" (João Paulo II, 28 de agosto de 1980). Não é, portanto, um caminho fácil: "É uma caminhada difícil, de alpinistas do espírito" (Paulo VI, 26 de setembro de 1970).

e) Os Institutos Seculares *pertencem à Igreja* "a título especial de consagrados seculares" (Paulo VI, 26 de setembro de 1970) e "a Igreja tem necessidade do seu testemunho" (id., 2 de fevereiro de 1972), e "espera muito" deles (João

Paulo II, 28 de agosto de 1980). Eles devem "cultivar e incrementar, ter presente sempre e sobretudo a comunhão eclesial" (Paulo VI, 20 de setembro de 1972).

f) A *missão* à qual os Institutos Seculares são chamados é a de "mudar o mundo a partir de dentro" (João Paulo II, 28 de agosto de 1980), tornando-se o seu fermento vivificante.

Intervenções da Sagrada Congregação

Nesse período, também a Sagrada Congregação se fez presente ao conjunto dos Institutos Seculares com as suas intervenções. Os Eminentíssimos Prefeitos Cardeal Antoniutti e Cardeal Pironio dirigiram aos Institutos, em diversas ocasiões, discursos e mensagens: e o Dicastério lhes transmitiu contribuições de reflexão, em particular as quatro seguintes:

a) *Reflexões sobre os Institutos Seculares* (1976). Trata-se de um estudo elaborado por uma comissão especial, constituída por Paulo VI em 1970. O estudo pode ser definido como um "documento de trabalho", pois oferece muitos elementos clarificadores mas sem a intenção de dizer a última palavra. Está subdividido em duas seções. A primeira, mais sintética, contém algumas afirmações teológicas de princípio, úteis para entender o valor da secularidade consagrada. A segunda seção, mais extensa, descreve os Institutos Seculares a partir da experiência deles e aborda também aspectos jurídicos.

b) *As pessoas casadas e os Institutos Seculares* (1976). Os Institutos são informados acerca de uma reflexão feita na Sagrada Congregação. Reconfirma-se que o conselho evangélico da castidade no celibato é um elemento essencial da vida consagrada num Instituto Secular; é exposta a possibilidade de pertença de pessoas casadas como membros em sentido amplo e se auspicia o surgimento de associações especiais.

c) *A formação nos Institutos Seculares* (1980). Para oferecer ajuda, em vista do grave compromisso da formação dos membros dos Institutos Seculares, foi preparado este documento. O documento contém chamadas de princípio, mas sugere também linhas concretas, tiradas da experiência.

d) *Os Institutos Seculares e os conselhos evangélicos* (1981). É uma carta circular com a qual se recorda o Magistério da Igreja acerca da essencialidade dos conselhos evangélicos de castidade, pobreza e obediência, e acerca da necessidade de determinar o vínculo sagrado com o qual eles são assumidos, o seu conteúdo e as modalidades de atuação, para que sejam adequados à condição de secularidade.

5. O novo Código de Direito Canônico

Uma fase nova se abre com a promulgação do novo Código de Direito Canônico, o qual contém também para os Institutos Seculares uma legislação sistemática e atualizada. Trata deles no livro II, na seção dedicada aos Institutos de Vida Consagrada. Os elementos principais da normativa jurídica dada pelo código são apresentados mais abaixo, após um resumo dos fundamentos teológicos que foram progressivamente delineados ou especificados ao longo da breve história dos Institutos Seculares.

PARTE II

FUNDAMENTOS TEOLÓGICOS

A teologia dos Institutos Seculares encontra notáveis indicações já nos documentos pontifícios *Provida Mater* e *Primo feliciter*, depois ampliadas e aprofundadas pela doutrina conciliar e pelo ensinamento dos Sumos Pontífices. Várias contribuições de estudo vieram também da parte de especialistas; no entanto, deve-se dizer que a pesquisa teológica não se exauriu. Por isso aqui se faz um simples resumo dos aspectos fundamentais dessa teologia, relatando substancialmente o estudo elaborado por uma comissão especial e publicado em 1976 com o consenso de Paulo VI.

1. O mundo como "século"

Deus por amor criou o mundo com o homem no seu centro e vértice e pronunciou o seu julgamento sobre as realidades criadas: *"valde bona"* (Gn 1,31). Ao homem, feito no Verbo imagem e semelhança de Deus e chamado a viver em Cristo na vida íntima de Deus, é confiada a tarefa de conduzir através da sabedoria e da ação todas as realidades ao cumprimento desse seu último fim. A sorte do mundo está, portanto, ligada à sorte do homem e por isso a palavra mundo designa "a família humana com a universalidade das coisas dentro da qual ela vive (GS 2), sobre as quais ela atua. Consequentemente, o mundo está envolvido na queda inicial do homem e "submetido à caducidade" (Rm 8,20); mas está envolvido também na sua redenção realizada por Cristo, Salvador do homem, que vem daquele que se tornou pela graça Filho de Deus e novamente capaz, enquanto participante da sua Paixão e Ressurreição, de viver e atuar no mundo segundo o desígnio de Deus em louvor da sua glória (cf. Ef 1,6 e 12–14).

É na luz da Revelação que o mundo aparece como *"saeculum"*. O século é o mundo presente resultante da queda inicial do homem, "este mundo" (1Cor 7,31), submetido ao reino do pecado e da morte, que deve ter fim, é contraposto à "nova era" (*aion*), à vida eterna inaugurada pela Morte e pela Ressurreição de Cristo. Esse mundo conserva a bondade, verdade e ordem essencial, que lhe provém da sua condição de criatura (cf. GS 36); no entanto, corrompido pelo pecado, não pode salvar-se por si mesmo, mas é chamado à salvação trazida por Cristo (cf. GS 2, 13, 37, 39) a qual se realiza na participação no Mistério Pascal dos homens regenerados na fé e no Batismo e incorporados na Igreja. Tal salvação se realiza na história humana e a penetra pela sua luz e força; ela amplia a sua ação a todos os valores da criação para discerni-los e tirá-los da ambiguidade que lhes é própria após o pecado (cf. GS 4), com vistas a reassumi-los na nova liberdade dos filhos de Deus (cf. Rm 8,21).

2. Nova relação do batizado com o mundo

A Igreja, sociedade dos homens renascidos em Cristo para a vida eterna, é, portanto, o sacramento da renovação do mundo que se realizará definitivamente pelo poder do Senhor na consumação do "século", com a destruição de todo poder do demônio, do pecado e da morte, e pela sujeição de todas as coisas a ele e ao Pai (cf. 1Cor 15,20-28). Por Cristo, na Igreja, os homens, marcados e animados pelo Espírito Santo, são constituídos num "sacerdócio régio" (1Pd 2,9), no qual oferecem a si mesmos a sua atividade e o seu mundo à glória do Pai (cf. LG 34). Do Batismo resulta, portanto, para cada cristão, uma nova relação com o mundo. Com todos os homens de boa vontade, ele está comprometido na tarefa de edificar o mundo e de contribuir para o bem da humanidade, agindo segundo a legítima autonomia das realidades terrenas (cf. GS 34 e 36). A nova relação com o mundo não tira nada da ordem natural e, se implica uma ruptura com o mundo enquanto realidade oposta à vida da graça e à expectativa do Reino eterno, ao mesmo tempo implica a vontade de atuar na caridade de Cristo para a salvação do mundo, isto é, para conduzir os homens à vida da fé e para reordenar enquanto possível as realidades temporais segundo o desígnio de Deus, a fim de que elas sirvam ao crescimento do homem na graça para a vida eterna (cf. AA 7). Vivendo essa relação nova com o mundo, os batizados cooperam em Cristo para a sua redenção. Portanto, a *secularidade* de um batizado, vista como existência neste mundo e participação nas suas várias atividades, pode ser entendida apenas no contexto dessa relação essencial, qualquer que seja a sua forma concreta.

3. Diversidade de viver concretamente a relação com o mundo

Todos vivem essa relação essencial com o mundo e devem tender à santidade, que é a participação na vida divina na caridade (cf. LG 4c). Deus distribui os seus dons a cada um "segundo a medida do dom de Cristo" (Ef 4,7). Deus é soberanamente livre na distribuição dos seus dons.

O Espírito de Deus, na sua livre-iniciativa, os distribui "a cada um como quer" (1Cor 12,11), tendo em vista o bem individual das pessoas, mas, ao mesmo tempo, o bem de toda a Igreja e da humanidade inteira.

É exatamente por causa dessa riqueza de dons que a unidade fundamental do Corpo Místico, que é a Igreja, se manifesta na diversidade complementar dos seus membros, que vivem e atuam sob a ação do Espírito de Cristo, para a edificação do seu Corpo. A vocação universal para a santidade na Igreja é cultivada nos vários gêneros de vida e nas várias funções (cf. LG 41), segundo as multíplices vocações específicas. O Senhor acompanha essas diversas vocações com aqueles dons que tornam capazes de vivê-las e elas, ao se encontrarem com a resposta livre das pessoas, suscitam modos diversos de realização. Diversos, então, se tornam também os modos em que os cristãos realizam a sua relação batismal com o mundo.

4. O seguimento de Cristo na prática dos conselhos evangélicos

O seguimento de Cristo significa para cada cristão uma preferência absoluta por ele, se for necessário até o martírio (cf. LG 42). Cristo, porém, convida alguns dos seus fiéis a segui-lo incondicionalmente para se dedicarem totalmente a ele e à vida do Reino dos céus. É um chamado a um ato irrevogável, o qual implica a doação total de si à pessoa de Cristo para partilhar da sua vida, sua missão, sua morte e, como condição, da renúncia de si, da vida conjugal e dos bens materiais. Essa renúncia é vivida por parte desses chamados como condição para aderir sem obstáculo ao Amor absoluto que os encontra em Cristo, de modo que os permite entrar mais intimamente no movimento desse Amor para com a criação: "Deus amou tanto o mundo que entregou o seu Filho único" (Jo 3,16), para que por meio dele o mundo seja salvo.

Essa decisão, devido à sua totalidade e definitividade correspondentes às exigências do amor, reveste o caráter de um voto de fidelidade absoluta a Cristo. Ela supõe evidentemente a promessa batismal de viver como um fiel de Cristo, mas distingue-se dela aperfeiçoando-a. Pelo seu conteúdo, essa decisão radicaliza a relação do batizado com o mundo, à medida que a renúncia ao modo comum de "usar este mundo" atesta o seu valor relativo e provisório e preanuncia a vinda do Reino escatológico (cf. 1Cor 8,31). Na Igreja, o conteúdo dessa doação explicitou-se na prática dos *conselhos evangélicos* (castidade consagrada, pobreza, obediência), vivida em formas concretas variadas, espontâneas ou institucionalizadas. A diversidade de tais formas é devida à diferente modalidade de atuar com Cristo para a salvação do mundo, que pode ir desde a separação efetiva própria de certas formas de vida religiosa até aquela que é a presença típica dos membros dos Institutos Seculares.

A presença destes últimos no meio do mundo significa uma vocação especial para uma presença salvífica, que se exerce no testemunho prestado a Cristo e numa atividade que visa reordenar as coisas temporais segundo o plano de Deus. De acordo com essa atividade, a profissão dos conselhos evangélicos toma um significado especial de libertação dos obstáculos (orgulho, cobiça) que impedem de ver e realizar a ordem querida por Deus.

5. Eclesialidade da profissão dos conselhos evangélicos – consagração

Toda chamada ao seguimento de Cristo é chamada à comunhão de vida nele e na Igreja. Portanto, a prática e a profissão dos conselhos evangélicos na Igreja foram realizadas não só de modo individual, mas inserindo-se em comunidades suscitadas pelo Espírito Santo mediante o carisma dos fundadores. Tais comunidades estão intimamente ligadas à vida da Igreja animada pelo Espírito Santo e, por isso, entregues ao discernimento e ao juízo da hierarquia que verifica o seu carisma, as admite, as aprova e as envia reconhecendo a sua missão de cooperar para a edificação do Reino de Deus. O dom total e definitivo a Cristo realizado pelos membros desses Institutos é, portanto, recebido em nome da Igreja representante de Cristo, e na forma por ela aprovada, pelas autoridades nela constituídas, de modo a criar um vínculo sagrado (cf. LG 44). Ao aceitar a doação de uma pessoa, a Igreja a marca em nome de Deus com uma consagração especial como pertencente exclusivamente a Cristo e à sua obra de salvação.

No Batismo há a consagração sacramental e fundamental do homem, mas ela pode ser vivida depois de modo mais ou menos "profundo e íntimo". A decisão firme de responder à chamada especial de Cristo, consagrando a ele totalmente a própria existência livre e renunciando a tudo o que no mundo pode criar empecilho para tal doação exclusiva, oferece matéria para essa nova consagração (cf. LG 44), a qual "radicada na consagração batismal, a exprime mais plenamente" (PC 5). Ela é obra de Deus que chama a pessoa, reserva-a para si mediante o ministério da Igreja e a assiste com graças particulares que a ajudam a ser fiel.

A consagração dos membros dos Institutos Seculares não tem o caráter de uma separação visível por sinais externos, mas possui o caráter essencial de compromisso total a Cristo numa determinada comunidade eclesial, com a qual se contrai um laço mútuo e estável e de cujo carisma se participa. Daí se segue uma consequência particular acerca do modo de conceber a obediência nos Institutos Seculares: ela implica não só a busca pessoal ou em grupo da vontade de Deus em assumir os compromissos próprios de uma vida secular, mas também a aceitação livre da mediação da Igreja e da comunidade através dos seus responsáveis, no âmbito das normas constitutivas dos Institutos individuais.

6. A "secularidade" dos Institutos Seculares

A *sequela Christi* (seguimento de Cristo) na prática dos conselhos evangélicos fez com que viesse a constituir-se na Igreja um estado de vida caracterizado por certo "abandono do século": a vida religiosa.

Esse estado chegou depois a se distinguir do estado dos fiéis que permaneceram nas condições e atividades do mundo, os quais são por isso chamados *seculares*. Tendo depois reconhecido novos Institutos nos quais os conselhos evangélicos são plenamente professados por fiéis que permanecem no mundo e comprometidos nas suas atividades para atuar, a partir de dentro (*"in saeculo ac veluti ex saeculo"*), para a sua salvação, a Igreja chamou-os *Institutos Seculares*.

No qualificativo *secular* atribuído a esses Institutos há um significado que se poderia dizer "negativo": eles não são religiosos (cf. PC 11), nem se deve aplicar a eles a legislação ou o procedimento próprios dos religiosos. Mas o significado que verdadeiramente importa e que os define na sua vocação específica é o significado "positivo": a secularidade indica tanto uma condição sociológica – permanecer no mundo – como uma atitude de comprometimento apostólico com atenção aos valores das realidades terrenas e a partir deles, a fim de permeá-los de espírito evangélico.

Esse compromisso é vivido em modalidades diferentes pelos leigos e pelos sacerdotes. Os primeiros têm como nota peculiar, que caracteriza a sua evangelização e o seu testemunho da fé em palavras e obras, "buscar o Reino de Deus administrando as realidades temporais e ordenando-as segundo Deus" (LG 31). Os sacerdotes, porém – salvo em casos excepcionais (cf. LG 31, PO 8) –, não exercem essa responsabilidade para com o mundo com uma ação direta e imediata na ordem temporal, mas com a sua ação ministerial mediante o seu papel de educadores da fé (cf. PO 6). Esse é o meio mais alto para contribuir e para fazer com que o mundo se aperfeiçoe constantemente segundo a ordem e o significado da criação (cf. Paulo VI, 2 de fevereiro de 1972), e para dar aos leigos "as ajudas morais e espirituais a fim de que a ordem temporal seja instaurada em Cristo" (AA 7). Agora, se por causa da consagração os Institutos Seculares são incluídos entre os Institutos de Vida Consagrada, a característica da secularidade os distingue de qualquer outra forma de Institutos.

A fusão numa mesma vocação da consagração e do compromisso secular confere a ambos os elementos uma nota original. A plena profissão dos conselhos evangélicos faz com que a mais íntima união a Cristo torne particularmente fecundo o apostolado no mundo. O compromisso secular dá à profissão dos conselhos uma modalidade especial e a estimula para uma sempre maior autenticidade evangélica.

Parte III
NORMAS JURÍDICAS

As normas jurídicas dos Institutos Seculares estavam contidas na Constituição apostólica *Provida Mater* (PM), no *Motu proprio Primo feliciter* e na Instrução da Sagrada Congregação dos Religiosos *Cum Sanctissimus*. A própria Sagrada Congregação estava autorizada a publicar novas normas para os Institutos Seculares, "segundo a necessidade pedir ou a experiência aconselhar" (PM, art. II, § 2, 2). À medida que o novo *Código de Direito Canônico* as ab-roga, retoma e atualiza as normas precedentes e oferece um quadro legislativo sistemático, em si completo, fruto também da experiência desses anos e da doutrina do Concílio Vaticano II. Essas normas codificadas são aqui expostas nos seus elementos essenciais.

1. Institutos de Vida Consagrada (*Liber II, Pars III, Sectio I*)

A colocação dos Institutos Seculares no código é *de per si* significativa e importante, porque demonstra que ele faz suas as afirmações do Concílio (PC 11), contidas já nos documentos precedentes:

a) os Institutos Seculares são verdadeira e plenamente Institutos de Vida Consagrada: e o código fala deles na seção *De Institutis vitae consecratae*;

b) mas eles não são religiosos: e o código coloca os dois tipos de Institutos sob dois títulos distintos: II – *De institutis religiosis*, III – *De institutis saecularibus*.

Segue-se que não se deve mais fazer a identificação, infelizmente até agora bastante generalizada, entre "vida consagrada" e "vida religiosa".

O título I, *Normae communes*, oferece nos cân. 573-578 uma descrição da vida consagrada, que, por um lado, não é suficiente para definir a vida religiosa, porque esta comporta outros elementos (cf. cân. 607); e, por outro lado, é mais ampla, porque o valor da consagração, que sela a dedicação total a Deus com a sua *sequela Christi* e a sua dimensão eclesial, compete também aos Institutos Seculares.

Portanto, a definição dos três conselhos evangélicos de castidade, pobreza e obediência (cf. cân. 599-601) convém totalmente aos Institutos Seculares, embora as aplicações concretas devam estar conformes à sua natureza própria (cf. cân. 598). Os outros pontos tratados no título I dizem respeito sobretudo a aspectos de procedimento.

Pode-se notar, entre outras coisas, que o reconhecimento diocesano de um Instituto Secular exige a intervenção da Sé Apostólica (cân. 579; cf. cân. 583-584). Isso porque o Instituto Secular não constitui um estado transitório a outras formas canônicas, como podiam ser as Pias Uniões ou Associações do código precedente, mas é um verdadeiro Instituto de Vida Consagrada que se pode erigir como tal somente se tiver todas as características e oferecer já suficiente garantia de solidez espiritual, apostólica, e também numérica.

Para voltar à afirmação do princípio: também os Institutos Seculares têm, portanto, uma verdadeira vida de consagração.

O fato de ser dedicado a eles um título à parte, com normas próprias, é significativo de uma nítida distinção de todos os outros gêneros de Institutos.

2. Vocação original: índole secular (cân. 710-711)

A vocação num Instituto Secular pede que a santificação ou perfeição da caridade seja buscada vivendo as exigências evangélicas *"in saeculo* – no século" (cân. 710), *"in ordinariis mundi condicionibus* – nas condições ordinárias do mundo" (cân. 714); e que o esforço por cooperar para a salvação do mundo venha *"praesertim ab intus* – sobretudo a partir de dentro" (cân. 710), *"ad instar fermenti* – à maneira de fermento" e, para os leigos, não só *"in saeculo"*, mas também *"ex saeculo* – desde o século" (cân. 713, § 1-2).

Esses repetidos esclarecimentos sobre o modo específico de viver a radicalidade evangélica demonstram que a vida consagrada desses Institutos é conotada realmente pela índole secular, de modo que a coessencialidade e inseparabilidade entre *secularidade e consagração* fazem dessa vocação uma forma original e típica de *sequela Christi*. "A vossa forma de consagração é uma forma nova e original sugerida pelo Espírito Santo" (Paulo VI, 20 de setembro de 1972). "Nenhum dos dois aspectos da vossa fisionomia espiritual pode ser superestimado em prejuízo do outro. Os dois são coessenciais... sede realmente consagrados e realmente no mundo" (ibid.). "O vosso estado secular seja consagrado" (João Paulo II, 28 de agosto de 1980).

Em força dessa originalidade, o cân. 711 faz uma afirmação de grande alcance jurídico: salvas as exigências da vida consagrada, os leigos dos Institutos Seculares são leigos para todos os efeitos (de modo que serão aplicados a eles os cân. 224-231, relativos aos direitos e deveres dos fiéis leigos); e os sacerdotes dos Institutos Seculares, por sua vez, são regidos segundo as normas do direito comum para os clérigos seculares.

Também por isso, ou seja, por não se distinguir formalmente dos outros fiéis, alguns Institutos exigem dos seus membros certa reserva acerca da sua pertença ao Instituto: "Permanecei leigos, comprometidos com os valores seculares próprios e peculiares do laicato" (Paulo VI, 20 de setembro de 1972).

"A vossa condição não muda: sois e permaneceis leigos" (João Paulo II, 28 de agosto de 1980). "Agregando-se a Institutos Seculares, o sacerdote, exatamente enquanto secular, permanece ligado em íntima união de obediência e de colaboração com o bispo" (Paulo VI, 2 de fevereiro de 1972).

O código, nos vários cânones, confirma que essa índole secular é entendida como situação ("*in saeculo*"), mas também no seu aspecto teológico e dinâmico, no sentido indicado pela *Evangelii nuntiandi*, ou seja, como "o pôr em prática todas as possibilidades cristãs e evangélicas escondidas, mas já presentes e operantes, nas coisas do mundo"

(n. 70). Paulo VI disse explicitamente (25 de agosto de 1976) que os Institutos Seculares devem sentir como dirigido também a eles este parágrafo de *Evangelii nuntiandi*.

3. Os conselhos evangélicos (cân. 712)

Para reconhecer um Instituto de Vida Consagrada a Igreja exige um livre e explícito compromisso no caminho dos três conselhos evangélicos de castidade, pobreza e obediência, *"donum divinum quod Ecclesia a Domino accepit* – dom divino que a Igreja recebeu do Senhor" (can. 575 § 1); e reivindica a sua competência sobre a interpretação e regulamentação deles (cf. cân. 576). O código (cân. 599, 600, 601) delineia o conteúdo dos três conselhos evangélicos, mas remete ao direito próprio dos Institutos individuais para as aplicações relativas à pobreza e à obediência; para a castidade reafirma a obrigação da continência perfeita no celibato.

As pessoas casadas, portanto, não podem ser membros em sentido estrito de um Instituto Secular. O cân. 721, § 1, 3º, confirma isso dizendo que é inválida a admissão de um *"coniux durante matrimonio* – cônjuge durante o matrimônio". Cabe às constituições de cada Instituto definir as obrigações que derivam da profissão dos três conselhos evangélicos, de modo que no estilo de vida das pessoas (*"in vitae ratione"*) seja assegurada uma capacidade de testemunho segundo a índole secular: "Os conselhos evangélicos, comuns também a outras formas de vida consagrada, adquirem um significado novo, de especial atualidade no tempo presente" (Paulo VI, 2 de fevereiro de 1972). As constituições devem definir também com qual *vínculo sagrado* os conselhos evangélicos são assumidos. O código não especifica quais vínculos são considerados sagrados, mas à luz da *Lex peculiaris* anexa à Constituição apostólica *Provida Mater* (art. III, 2), eles são: o voto, o juramento ou a consagração para a castidade no celibato; o voto ou a promessa para a obediência e para a pobreza.

4. O apostolado (cân. 713)

Todos os fiéis são chamados, em força do Batismo, a ser participantes na missão eclesial de testemunhar e proclamar que Deus "no seu Filho amou o mundo", que o Criador é Pai, que todos os homens são irmãos (cf. EN 26), e a atuar de modos diferentes com vistas à edificação do Reino de Cristo e de Deus. Os Institutos Seculares têm um dever específico dentro dessa missão.

O código dedica os três parágrafos do cân. 713 a definir a atividade apostólica à qual eles são chamados.

O *primeiro parágrafo*, dedicado a *todos* os membros dos Institutos Seculares, sublinha a relação entre consagração e missão: a consagração é um dom de Deus e tem como finalidade a participação na missão salvífica da Igreja (cf. cân. 574, § 2).

Quem é chamado é também mandado: "A consagração especial deve impregnar toda a vossa vida e todas as vossas atividades cotidianas" (João Paulo II, 28 de agosto de 1980). Aí se afirma que a atividade apostólica é um "ser dinâmico", que tende para a realização generosa do desígnio de salvação do Pai; é uma presença evangélica no próprio ambiente, é viver as exigências radicais do Evangelho de modo que a própria vida se torne fermento. Um fermento que os membros dos Institutos Seculares são chamados a introduzir na trama da vivência humana, no trabalho, na vida familiar e profissional, na solidariedade com os irmãos, em colaboração com quem atua em outras formas de evangelização.

Aqui o código retoma para todos os Institutos Seculares o que o Concílio diz aos leigos: "*suum proprium munus exercendo, spiritu evangelico ducti, fermenti instar* – exercendo o seu próprio ofício, guiados pelo espírito evangélico, concorram, qual fermento, [para a santificação do mundo]" (LG 31). "Esta resolução vos é própria: mudar o mundo a partir de dentro" (João Paulo II, 28 de agosto de 1980).

O *parágrafo segundo* é dedicado aos membros *leigos*. Na primeira parte ele evidencia o específico dos Institutos Seculares leigos: a presença e a ação transformadora no mundo, com vistas à realização do desígnio divino de salvação. Também aqui o código aplica o que o Concílio afirma como missão própria de todos os leigos: "*Laicorum est, ex vocatione propria, res temporales gerendo et secundum Deum ordinando, regnum Dei quaerere* – por vocação própria, compete aos leigos procurar o Reino de Deus administrando as realidades temporais e ordenando-as segundo Deus" (LG 31; cf. também AA 18-19). Essa é, de fato, a finalidade apostólica para a qual surgiram os Institutos Seculares, como lembra ainda o Concílio, recordando a *Provida Mater* e *Primo feliciter*: "*Ipsa instituta propriam ac peculiarem indolem, saecularem scilicet, servent, ut apostolatum in saeculo ac veluti ex saeculo, ad quem exercendum orta sunt, efficaciter et ubique adimplere valeant* – Os próprios Institutos mantenham o seu caráter próprio e peculiar, isto é, a secularidade, para poderem exercer eficazmente e por toda a parte o apostolado no mundo e como que a partir do mundo; para isso foram instituídos" (PC 11).

Na segunda parte, o parágrafo afirma que os membros dos Institutos Seculares podem desempenhar, como todos os leigos, também um serviço dentro da comunidade eclesial, como poderia ser a catequese, a animação da comunidade etc. Alguns Institutos assumiram essas atividades apostólicas como sua finalidade, sobretudo nos países onde se sente mais urgente um serviço desse tipo por parte dos leigos.

O código sanciona legislativamente essa escolha com um esclarecimento importante: "*Iuxta propriam vitae rationem saecularem* – de acordo com a forma própria secular de vida". "O destaque da contribuição específica do vosso estilo de vida não deve, no entanto, levar a subestimar as outras formas de dedicação à causa do Reino à qual vós podeis também ser chamados. Quero fazer referência aqui ao que foi dito no n. 73 da exortação *Evangelii nuntiandi*, que recorda que os leigos podem também se sentir chamados ou ser chamados a colaborar com os pastores a serviço da comunidade eclesial, para o crescimento e a vida dela, exercendo ministérios muito diversos, segundo a graça ou os carismas que o Senhor quiser reservar a eles" (João Paulo II, 28 de agosto de 1980).

O *terceiro parágrafo* diz respeito aos membros *clérigos*, para os quais, porém, vale também o que foi dito no parágrafo 1.

É anunciada para esses membros uma relação especial com o presbitério: se os Institutos Seculares são chamados a uma presença evangélica no seu ambiente, então se pode falar de uma missão de testemunho também entre os sacerdotes: "... levais ao presbitério diocesano não só uma experiência de vida segundo os conselhos evangélicos e com uma ajuda comunitária, mas também com uma sensibilidade exata da relação da Igreja com o mundo" (João Paulo II, 28 de agosto de 1980). O parágrafo diz que a relação da Igreja com o mundo, do qual os Institutos Seculares devem ser testemunhas especializadas, há de encontrar atenção e realização também nos sacerdotes membros desses Institutos: seja por uma educação dos leigos orientada a fazer viver de modo justo aquela relação, seja por uma obra específica enquanto sacerdotes: "O sacerdote enquanto tal tem, também, uma relação essencial com o mundo" (Paulo VI, 2 de fevereiro de 1972).

"O sacerdote: para tornar-se sempre mais atento às situações dos leigos..." (João Paulo II, 28 de agosto de 1980).

Para os Institutos Seculares clericais há, além deste parágrafo, o cân. 715, que diz respeito à incardinação, possível tanto na diocese como no Instituto. Para a incardinação no Instituto se remete ao cân. 266, § 3, onde se diz que é possível "*vi concessionis Sedis Apostolicae* – por força de concessão da Sé Apostólica". Os únicos casos nos quais os Institutos Seculares clericais têm formas distintas dos

Institutos leigos, no título III, são os dois cânones citados (713 e 715), a especificação do cân. 711, já lembrado, e a do cân. 727, § 2, relativa à saída do Instituto. Para todos os outros aspectos, o código não introduz distinções.

5. A vida fraterna (cân. 716)

Uma vocação que encontra resposta em Institutos, isto é, que não seja de pessoas isoladas, implica a vida fraterna *"qua sodales omnes in peculiarem veluti familiam in Christo coadunantur* – pela qual todos os membros se reúnem em Cristo como que numa família peculiar" (cân. 602).

A comunhão entre os membros do mesmo Instituto é essencial e realiza-se na unidade do mesmo espírito, na participação no mesmo carisma de vida secular consagrada, na identidade da missão específica, na fraternidade da relação recíproca, na colaboração ativa na vida do Instituto (cân. 716; cf. cân. 717, § 3).

A vida fraterna é cultivada mediante encontros e trocas de vários tipos: de oração (e, entre essas, os exercícios anuais e os retiros periódicos), de confronto das experiências, de diálogo, de formação, de informação etc. Essa comunhão profunda, e os vários meios para cultivá-la, são tanto mais importantes à medida que as formas concretas de vida podem ser diferentes: *"Vel soli, vel in sua quisque familia, vel in vitae fraternae coetu* – quer a sós, quer cada um na sua família, quer em grupo de vida fraterna" (cân. 714), estando entendido que a vida fraterna do grupo não deve equivaler à vida de comunidade segundo o tipo das comunidades religiosas.

6. A formação

A natureza dessa vocação de consagração secular, que exige um esforço constante de síntese entre fé, consagração e vida secular e a própria situação das pessoas, as quais estão habitualmente comprometidas com tarefas e atividades seculares e não raramente vivem muito isoladas, impõem que a formação dos membros dos Institutos seja sólida e adequada. Esta necessidade é lembrada oportunamente em vários cânones, em particular no cân. 719, no qual são indicadas as principais obrigações espirituais dos indivíduos: a oração assídua, a leitura e a meditação da Palavra de Deus, os tempos de retiro, a participação na Eucaristia e no sacramento da Penitência.

O cân. 722 dá algumas diretivas para a formação inicial que tende sobretudo a uma vida segundo os conselhos evangélicos e de apostolado; o cân. 724 trata da formação contínua "*in rebus divinis et humanis, pari gressu* – sejam progressivamente formados nas coisas divinas e humanas". Daí resulta que a formação deve ser adequada às exigências fundamentais da vida de graça, para pessoas consagradas a Deus no mundo: e deve ser muito concreta, ensinando a viver os conselhos evangélicos através de gestos e atitudes de dom a Deus no serviço aos irmãos, ajudando a acolher a presença de Deus na história, educando a viver na aceitação da cruz com as virtudes de abnegação e de mortificação. Deve-se dizer que os Institutos individuais são muito conscientes da importância dessa formação. Eles procuram ajudar-se também entre eles em nível de conferências nacionais e conferência mundial.

7. Pluralidade de Institutos

Os cânones 577 e 578 se aplicam também aos Institutos Seculares. Entre eles se apresenta realmente uma variedade de dons, que permite um pluralismo positivo nos modos de viver a comum consagração secular e de realizar o apostolado, em conformidade com as intenções e o projeto dos fundadores quando foram aprovados pela autoridade eclesiástica.

Com razão, portanto, o cân. 722 insiste na necessidade de levar os candidatos a conhecerem bem a vocação específica do Instituto e fazer com que eles a exerçam segundo o espírito e a índole que lhes são próprios.

Por outro lado, essa pluralidade é um dado de fato: "Sendo muito variadas as necessidades do mundo e as possibilidades de ação no mundo e com os instrumentos do mundo, é natural que surjam diversas formas de realização desse ideal, individuais e associadas, escondidas e públicas segundo as indicações do Concílio (cf. AA 15-22). Todas essas formas são igualmente possíveis aos Institutos Seculares e aos seus membros..." (Paulo VI, 2 de fevereiro de 1972).

8. Outras normas do código

Os outros cânones do título dedicado aos Institutos Seculares dizem respeito a aspectos que poderemos dizer mais técnicos. Muitas determinações, porém, são deixadas ao direito próprio: daí resulta uma estrutura simples e uma organização muito dúctil. Os aspectos que esses outros cânones tocam são os seguintes:

- cân. 717: o regime interno;
- cân. 718: a administração;
- cân. 720-721: a admissão ao Instituto;
- cân. 723: a incorporação ao Instituto;
- cân. 725: a possibilidade de haver membros associados;
- cân. 726-729: a eventual separação do Instituto;
- cân. 730: a passagem para outro Instituto.

Merece atenção o fato de que nos cânones se fala de incorporação perpétua e de incorporação definitiva (cf. em particular no cân. 723). De fato, algumas constituições aprovadas estabelecem que o vínculo sagrado (votos ou promessas) seja sempre temporário, naturalmente com o propósito de renová-lo no seu prazo.

Outras constituições, a maioria, preveem que em certo prazo o vínculo sagrado seja ou possa ser assumido para sempre. Quando o vínculo sagrado é assumido para sempre, a incorporação ao Instituto é dita *perpétua* com todos os efeitos jurídicos que isso implica.

Mas, se o vínculo sagrado permanece sempre temporário, as constituições devem prever que após determinado período de tempo (não inferior a 5 anos) a incorporação ao Instituto seja considerada *definitiva*. O efeito jurídico mais importante é que desde aquele momento a pessoa obtém a plenitude dos direitos-deveres no Instituto; outros efeitos devem ser determinados pelas constituições.

CONCLUSÃO

A história dos Institutos Seculares ainda é breve. Por isso, e pela sua própria natureza, eles permanecem muito abertos à atualização e adaptação. Mas têm já uma fisionomia bem definida, à qual devem ser fiéis na novidade do Espírito; o novo Código de Direito Canônico constitui, a este propósito, um ponto de referência necessário e seguro.

Há, porém, o fato de que eles não são bastante conhecidos e complexos, por motivos que talvez derivem da sua identidade (consagração e secularidade, ao mesmo tempo), talvez do seu modo de agir com discrição, talvez de uma insuficiente atenção prestada a eles, e também porque ainda existam aspectos problemáticos não resolvidos.

As notícias oferecidas por este documento acerca da sua história, da sua teologia, da sua regulamentação jurídica, poderão ser úteis para superar esse pouco conhecimento e para favorecer "entre os fiéis uma compreensão não aproximativa ou acomodatícia, mas exata dos Institutos Seculares" (João Paulo II, 6 de maio de 1983). Será então mais fácil também no plano pastoral ajudar essa vocação específica e protegê-la, para que seja fiel à sua identidade, às suas exigências, à sua missão.

Impresso na gráfica da
Pia Sociedade Filhas de São Paulo
Via Raposo Tavares, km 19,145
05577-300 - São Paulo, SP - Brasil - 2017